TODO LO QUE
ODIAS DE TU SIGNO

(Y TODAVÍA NO SABES)

ARIES

TODO LO QUE ODIAS DE TU SIGNO

(Y TODAVÍA NO SABES)

ARIES

Una guía para sobrevivir a ti mismo

temas de hoy

Edición a cargo de Charas Vega
Corrección de estilo a cargo de Alba Armario

© 2023, Estudio PE S.A.C.
Desarrollo editorial: Anónima Content Studio
Redacción: Catalina Torres-Benjumea / María José Fermi
Cuidado editorial: Equipo Editorial Anónima Content Studio
Diseño: Anónima Content Studio / Lyda Sophia Naussán R.
Imágenes de interiores: © FreePik
Ilustración de la cubierta: Anónima Content Studio / Sheila Norma
Alvarado Peña

Primera edición en español:
© 2023, Editorial Planeta Mexicana, S.A. de C.V.
Bajo el sello editorial DIANA M.R.

© Editorial Planeta, S. A., 2024
    temas de hoy, un sello editorial de Editorial Planeta, S. A.
    Avda. Diagonal, 662-664, 08034 Barcelona (España)
    www.planetadelibros.com

Primera edición en esta presentación: septiembre de 2024
Segunda impresión: noviembre de 2024
ISBN: 978-84-19812-77-3
Depósito legal: B. 12.098-2024
Composición: Realización Planeta
Impresión y encuadernación: Huertas Industrias Gráficas, S. A.
Printed in Spain - Impreso en España

PEFC Certificado

Este libro procede de
bosques gestionados
de forma sostenible

PEFC

PEFC/14-38300305   www.pefc.es

«No tenemos que avergonzarnos
de coquetear con el zodiaco.
Vale la pena coquetear
con el zodiaco.»
D. H. LAWRENCE

ÍNDICE

PRÓLOGO

Los reyes de la impaciencia y la impulsividad. Si tienes un Aries en tu vida olvídate de la estabilidad. Eso sí, te lo pasarás pipa. Son los entusiastas del zodiaco, aventureros y optimistas, ¡son un auténtico terremoto!

Pueden ser muy independientes y son capaces de tirar del carro ellos solitos, no les gusta pedir ayuda y eso hace que a veces no avancen tan rápido como querrían o que dejen las cosas a medias. La pesadez de sus cuernos puede frustrarlos en ocasiones.

Son el primer signo y, como tal, representan el nacimiento, la primavera, las chispas de los inicios, el motor de creación..., el recién nacido que llora mucho y grita. Pero hay que entenderlo, acaba de nacer y el mundo a menudo puede ser demasiado.

La parte del cuerpo que más los representa es la cabeza, porque son de embestir como las cabras (antes de preguntar, claro está). Si se enfadan, irán a por ti. No

piensan mucho lo que hacen y derrochar para luego llo-
riquear es su deporte favorito.

Son iracundos, pues les representa Ares, el dios de
la guerra. Por eso mismo les encanta discutir, debatir y
jugar a ser el abogado del diablo.

Charas Vega (@charcastrology)

INTRODUCCIÓN

Todos hemos escuchado hablar de los horóscopos. Están en nuestra vida diaria, casi casi en nuestro ADN: que tu amiga comenzó a salir con un Piscis, que tu jefe resultó ser Leo o que por alguna razón eres muy organizada, y casualmente eres Virgo. Pero hay más que eso. La astrología influye en ti y tus relaciones con el universo en general.

En este manual para la vida te invitaremos a reconocerte en aquellas cosas que odias de tu signo (y todavía no sabes). Creemos que en la oposición están también las fortalezas; en reconocer lo que somos y lo que no. Hacer tuyo todo esto te hará mejor. ¿No es así, Escorpio? ¿Te suena, Acuario? Así que hemos recopilado todo aquello que no quieres reconocer y te lo hemos dejado bien clarito para que no te quepan dudas y puedas interactuar mejor con los demás y, por supuesto, contigo mismo.

Unas cuantas reglas de este universo

Te pedimos que dejes la lógica afuera —va para los Virgo—, y que después de leer esta guía analices tu vida e intercambies ideas y opiniones —sigue tu propio ejemplo, Géminis—. Lo que deseamos es que no te inventes historias en la cabeza; si eres Cáncer, ese mensaje es para ti, claramente. ¡Haz caso a las estrellas y déjate llevar!

Pero antes de empezar te pedimos que no dejes que nuestro tono sarcástico o nuestra ironía afecte tu sensibilidad, hay que tener sentido del humor en esta vida; hay que aprender de Sagitario. Nosotros hemos gozado escribiendo este manual de vida desde el humor negro. Primero, porque esa es una estrategia para afrontar mejor el estrés o algunos eventos críticos de la vida. Segundo, porque ayuda a reconocer que te equivocaste —toma nota, Aries—. Y tercero, porque simplemente es más divertido hacerlo así.

El escritor estadounidense Mark Twain —típico Sagitario— lo definió de este modo: «El ser humano solo tiene un arma efectiva: el humor». A lo que el poeta francés Jean de Santeul —otro Sagitario— añade: *Castigat ridendo mores*, es decir: «Corrige las costumbres riendo». Así que nos lo hemos tomado en serio y en esta guía te mostraremos un camino que va por ese lado.

LOS 12 SIGNOS DEL ZODIACO

Este no es uno de esos libros de horóscopos que idealiza la astrología y solo ve lo bueno de los signos, ese que ya tanto conoces y que has leído desde siempre. Aquí te vamos a decir «lo rudo» de los signos, por así decirlo: la verdad salvaje de cada uno, sin anestesia. Mejor dicho, este es un ANTIHORÓSCOPO: una guía de todo lo que no son, y que en realidad los pinta de cuerpo entero. Agarraos que allá vamos.

ARIES

21 de marzo–19 de abril

Aries, tú no conoces el límite. Con tu cornamenta lo empujas siempre para demostrar que puedes hasta con lo inalcanzable, incluso si acercarte a las llamas significa que puedas quemarte de vez en cuando. Eres puro fuego, pasión e impulso. ¿Ser uno más de la manada? Imposible. ¡Jamás! Tú no naciste para seguir al resto, sino para liderar.

Elemento: Fuego - **Regente:** Marte

TAURO

20 de abril–20 de mayo

Tauro, tú no naciste para sufrir. Eres un gozador nato. No entiendes cómo hay gente que no disfruta todos los placeres de la vida a cada momento, en cada instante. Aunque puedas parecer muy hedonista, la realidad es que —como buen toro— tienes los pies sobre la tierra. Eres confiable y estable. Eso sí, lo testarudo nadie te lo quita.

Elemento: Tierra - **Regente:** Venus

GÉMINIS

21 de mayo–20 de junio

Arriba o abajo. Blanco o negro. Amor u odio. Géminis, a ti el punto medio te da alergia. A ti lo que te gusta son los extremos, puedes pasar de un extremo al otro como quien cambia de ropa interior a diario. Te habita un par de gemelos que van a su estilo, los dos muy guapos, muy hermosos; ellos son los de reyes de la calma y de las buenas bromas.

Elemento: Aire - **Regente:** Mercurio

CÁNCER

21 de junio–22 de julio

Cáncer, tú que odias la inestabilidad y las ambigüedades, siempre estás listo para zambullirte en el mar de emociones que es la vida. ¿Viene una ola de alegría? Ahí estás. ¿Viene una ola de tristeza o mal humor? ¡Caparazón, para eso te tengo! La intuición pocas veces te falla, por eso eres el consejero del zodiaco, aunque tu sensibilidad a flor de piel a veces te traiciona.

Elemento: Agua - **Regente**: La Luna

LEO

23 de julio–22 de agosto

Confiesa, Leo, cuando entras en una habitación piensas para ti: «Abran paso para su alteza, rey de la selva, primero de su nombre, señor de las constelaciones y protector de todo el reino zodiacal». Y es que naciste para brillar y liderar. Aunque a veces ese poder se te suba a la cabeza y reines en la oscuridad de tu propia soberbia.

Elemento: Fuego - **Regente:** El Sol

VIRGO

23 de agosto–22 de septiembre

Vamos a delatarte, Virgo. No hay nada que te saque más de quicio que te cambien los planes. Tú no dejas nada fuera de orden, eres amante de las hojas de Excel y las agendas. Si de último minuto te cancelan una cita, no hay poder humano que te haga aceptar otra. Tienes un espíritu eficiente y perfeccionista que no puedes con él.

Elemento: Tierra - **Regente:** Mercurio

LIBRA

23 de septiembre–22 de octubre

Que no te pidan enfrentar un conflicto o tomar una decisión radical, Libra. Tú eres el amo y señor de los matices. Te sientes cómodo moviéndote en un sinfín de tonos grises. Como buena balanza que eres buscas el equilibrio, pero sueles tener respuestas que no son «ni fu ni fa». Ahora bien, lo que te sobra de indeciso lo tienes de sobra en acto y espíritu conciliador.

Elemento: Aire - **Regente:** Venus

ESCORPIO

23 de octubre–21 de noviembre

Ni olvido ni perdón. Los que dicen que los monstruos no existen no te conocen enfadado, Escorpio. Y una vez que clavas el aguijón no hay vuelta atrás. No hay disculpa que sirva; «ojo por ojo y diente por diente» es tu ley. La memoria es tu aliada, pues tampoco olvidas los buenos gestos que otros han tenido contigo. Magnético y pasional, andar a tu lado es abrazar el misterio y saltar al vacío sin saber si el paracaídas abrirá o no.

Elemento: Agua - **Regente:** Plutón

SAGITARIO

22 de noviembre–21 de diciembre

No tener planes no es lo tuyo, Sagitario. Quedarte quieta o quieto, tampoco. Los días duran 24 horas, pero los tuyos tienen 30. Si no tienes nada que hacer, te lo inventas. Eres pura aventura, vives para intentar cosas nuevas: viajar a lugares desconocidos, degustar platos exóticos y probar cuanta posición en la cama tu cuerpo te permita.

Elemento: Fuego - **Regente:** Júpiter

CAPRICORNIO

22 de diciembre–19 de enero

Para ti, Capricornio, no existe peor pecado que no cumplir una promesa. La palabra es palabra; si no, azote. Tú ordenas tu mundo con una línea imaginaria que divide todo lo que está bien de lo que está mal y más les vale —¡y a ti también!— estar del lado correcto. Si la vida es una montaña, tú naciste para treparla y llegar a la cima, aunque cueste sangre, sudor y lágrimas.

Elemento: Tierra - **Regente:** Saturno

ACUARIO

20 de enero–18 de febrero

¿Seguir las reglas del juego? Eso nunca. Las pautas y normas no se inventaron para ti, Acuario. Tú estás lejos de ser casto y puro. Eres libertino y cuestionas hasta el cansancio. Buscas nuevos caminos para innovar y, ¿por qué no?, liberar todo aquello que consideras injusto. Lo que tienes de audaz e intrépido, también lo tienes de impredecible y esquivo.

Elemento: Aire - **Regente:** Urano

PISCIS

19 de febrero–20 de marzo

A ver si Piscis nos presta atención. Deja tu realidad paralela un segundo, por favor. Sabemos que no te gusta sentirte preso y que tu respeto por las convenciones es tan abstracto que dejas que todo fluya por otro lado. Si las cosas se ponen difíciles, te esconderás entre los corales; pero cuando estés preparado, ¡vaya!, saldrás a la superficie para dar un coletazo si te desafían.

Elemento: Agua - **Regente:** Neptuno

ARIES

UNA **MENTE SUCIA**

CON ESTÁNDARES

exigentes,

Y AL FINAL

UN ROMÁNTICO

SIN REMEDIO.

ANIMAL

El carnero, ese animal cabezón que consigue lo que quiere a trancazos, es el animal que te representa, Aries. Eres un cabeza dura, impulsivo y siempre quieres tener la razón. Haces lo que sea necesario para ganar y esa es la fuerza que te saca de los problemas, y la que te hace ser tan insoportablemente exitoso. ¿Pasar desapercibido? No sabes cómo se hace eso; si no eres el centro de atención, te conviertes en él como sea. Jamás serás un extra, así pierdas un cuerno en el intento.

CONSTELACIÓN

Los egipcios tenían una imaginación brutal; crearon tu constelación juntando estrellas con las que formaron un gran par de cuernos, una cabeza y un cuerpo inquieto. Además, te convirtieron en la cabeza de las constelaciones y por eso eres malcriado e irresistible. Tienes un imán que nos enloquece y cada vez que dices algo el mundo se calla para escucharte.

Al ser la primera constelación, el primer signo de fuego, estás sobrecargado; te dieron mucha energía, mucha pasión y una dosis importante de locura. Eres intenso y por eso vas por ahí provocando incendios en todos lados: tu casa, el bar, el trabajo, hasta en la clase de yoga.

SÍMBOLO

Otra leyenda dice que Zeus, el dios griego, te puso en el cielo, carnero, por tu valentía, pues uno de tu estirpe rescató a los príncipes Frixo y Elli y luego fue sacrificado. Pero para ti eso es lo de menos, porque el premio fue más que gratificante: que tus cuernos —tu gran distintivo— brillen y sean admirados todas las noches por los siglos de los siglos. Entre poseer todo el oro del mundo y ganarte la admiración de todos, el oro pierde valor, Aries.

PLANETA REGENTE

Al ser el primero ya venías con la energía del equinoccio: la fuerza de los cuernos. ¿A que no adivinas qué sigue? Tener a Marte como planeta regente para ti es llevar leña al monte. Si solito ya eres fuerte, con Marte apuntando sobre ti no hay quien te aguante: te da el doble de energía explosiva y ardiente. Este planeta es el símbolo de la fuerza de los guerreros. Sin embargo, la impaciencia es tu talón de Aquiles, Aries, porque de paciencia no te dieron ni una pizca.

Y como eres el primero de todas las constelaciones, vienes nuevo; por eso tienes ataques de «sincericidios» (verdades que matan), pero son esas verdades las que te hacen confiable para los otros. No tienes tacto y de tu boca salen las palabras como se te atraviesan por la cabeza, sin filtro, vienes así de fábrica y en verdad no sabemos si darte las gracias por los siglos de los siglos o no volverte a hablar.

Eres valiente y te atreves a lo que se te pase por delante; los retos son la zona cómoda para ti, nadas tranquilo en un río de pirañas. Por último, pero no menos importante, eres demasiado mandón, y aunque generalmente te sale bien porque naciste para guiar a la manada y abrir caminos con esos cuernotes, a veces hieres a los que tienes al lado porque solo piensas en ti.

Te pusieron la personalidad en el lugar correcto, la pasión, la confianza, los cuernos poderosos que abren tu camino; y si a esto le sumas la fuerza de Marte, tenemos al signo con más energía y eso te da para todo: puedes realizar proyectos imposibles, tener la medalla de oro en donde sea que compitas y la vitalidad de un maratonista.

En el amor sabes inventar los mejores planes para sorprender y disfrutar un buen subidón de adrenalina, otra herencia del planeta rojo. No te da miedo tomar la iniciativa, amas la tensión —pero que no dure tanto tampoco—. Cuando te salen con adivinanzas eternas sin remuneración, volteas los cuernos y te vas. No tienes tiempo para eso. La recompensa para ti debe ser inmediata, solo así te entregas completo y sin miedo.

Nuestra recomendación: consigue un regulador, no vaya a ser que destruyas el mundo a tu paso con ese exceso de energía.

ELEMENTO

Todos sabemos que los signos de fuego son ardientes, dicen lo primero que piensan, son aventureros, independientes, viscerales, pisan fuerte... Pero no todo es tan maravilloso, ¿has visto que el fuego que calienta es el mismo que achicharra? Se dice mucho que los signos de fuego son apasionados, son personas brillantes, iluminan, pero a veces queman; el fuego que alimenta las pasiones es el mismo que incendia bosques enteros. Los Aries nacieron mandones y hasta lo hacen bien, pues el mundo les cree y contradecirlos es atentar contra la propia vida.

De todos los signos de este elemento el más apasionado eres tú, Aries. El que abre camino a los demás mortales. Leo, el segundo signo de fuego, goza de ser visto y alabado; y Sagitario, que casi no alcanza lo que sobró de la hoguera, es el más mesurado, aunque sigue con lo de mandar y brillar.

Tú, carnero, por ser el primero, recibiste los poderes de estreno y eres «el más más». El más caliente, más apasionado, más fuerte, más bravo, más mandón, más egoísta... y aun con todo eso caes bien. Dicen que fue por ti que se inventó el término de «mi pandilla» para llamar a los amigos más valientes, pues contigo la fiesta nunca termina. Cualquiera hace planes, pero en los tuyos no hay ni sombra de aburrimiento. Tampoco te damos el ancho nosotros, los simples mortales; a veces te olvidas de que no todo tiene que ver con ser «el más», y que sería bueno mirar alrededor y darte cuenta de que no estás solo y que no solo importas tú. Ya sé, es una revelación, imagínate un mundo donde es importante lo que los demás piensan y quieren. Raro, pero considéralo como una pequeña posibilidad.

Lo tuyo es hacer y ser el primero. No sabemos en verdad si puedes quedarte quieto y meditar, pero si hubiera una competencia, seguro que hasta ganas el premio al mejor meditador.

PERSONALIDAD

¿QUÉ NO ERES, ARIES?

Definitivamente hay muchas características maravillosas con las que estás dotado, pero la primera que olvidaron darte es la paciencia. Jamás te encontraremos haciendo cola para entrar a un restaurante. Esas cosas son para los mortales y tú naciste casi un dios. ¿Esperar a que te llame la persona que te gusta? No va contigo, si te gusta vas por tu objetivo. Es más fácil tener dos años bisiestos seguidos que verte ofrecer disculpas, sobre todo si no te cae muy bien la persona.

Aries, el no sensato

Dentro de tu ADN no está ser discreto. Y eso de ser políticamente correcto ¡ni se te ocurre! Estás a la defensiva y no te da miedo decir la verdad, incluso la dices sin que te la pregunten.

Tu zona cómoda está al fondo, a la extrema derecha o a la extrema izquierda. No hay tal cosa como el punto medio o el aburridísimo equilibrio. En la vida vas relacionándote con personas que te estimulen, un ser calmado te repele. Pero a veces, querido Aries, eso es justo lo necesario, un poco de serenidad no viene mal, toma nota.

Aries, el no taciturno

Taci... ¿qué? Otra especie casi inexistente es un Aries melancólico que arrastre sus pesares y se deje ver triste y deprimido. Un Aries JAMÁS soportaría que sientan lástima por él. ¿No es así, querido carnero? Cuando estás triste evitas al resto del mundo, porque triste sí, pero en público jamás. Claro que tienes bajones y eres mucho más sensible de lo que quieres aparentar, pero cuando te sientes vulnerable te vuelves un lobo solitario, te desconectas del mundo y recargas energía en privado. Debemos aclarar que esas desapariciones son breves, porque eres un guerrero y no tienes tiempo para dejar de ganar y ser importante en el mundo.

Aries, el desobediente

En la vida es normal algún grado de rebeldía, que se ajusta y se vuelve manejable después de la adolescencia. Y aquí está la falla, pues pensamos que tú saliste de la adolescencia, y no. Eres eternamente joven y no hay peor insulto que intentar controlar a un púber imberbe en pleno descubrimiento de su libre albedrío —porque la edad está en la mente y tú no envejeces—. La materia prima de tu energía es probar cómo el mundo está equivocado, y eres tan persuasivo y convincente que podrías asegurar hasta que la Tierra es plana.

Aries, el «condescendiente»

Eres furioso, hablas con firmeza, te gusta el conflicto y ganar sobre todas las cosas. El mundo pensaría que eres por naturaleza bravucón e insensible, que nada en el planeta te lastima y que en tu cabeza todo está fríamente calculado, cuando en realidad eres pura bondad e inocencia y eso es lo que hace que no pienses en las consecuencias de tus actos, metes la pata de vez en cuando por no tener suficiente malicia.

Acéptalo, eres un ser bonachón que ladra mucho, pero tienes los mejores sentimientos; sin embargo, ojo, que nadie se confunda porque eres bueno, pero jamás tonto. También eres el mejor confidente, una tumba cuando se trata de cuidar a tus amigos y cubrirles la espalda. Así es tu amor: una bolita cariñosa cubierta por un caparazón furioso.

Ahora bien, si hablamos de una mente pervertida, sepan todos que la inocencia de Aries jamás toca la calentura. Apuestas todo en el sexo y eres apasionadamente creativo. A la hora de un revolcón, lugares como la cama se vuelven aburridísimos para ti. La creatividad apasionada es una de las cosas que más te calienta y, bueno, digamos que tu temperatura natural es alta, altísima. Arrebatado y «sin mente» para las relaciones de cualquier tipo, para la fiesta, para el trabajo y lo que sea que te rete. La vida es aquí y ahora, lo que cuenta es lo que puedes ver o tocar en el instante presente. —y después vemos cómo lo arreglamos si no era así—.

DEFECTOS

Primero tú, segundo tú, tercero tú, Aries. La confiabilidad es un término confuso para el resto. Y es que no todos entienden que esta palabra tiene un significado único que te ha tocado crear por ser el primer signo. Que alguien los haga entender, por favor.

¿Que si eres honesto a la hora de expresarte? Sí, totalmente confiable, no te guardas las verdades y no dudarás en decirle a cualquiera que tiene un moco salido o pésimo aliento. Sin embargo, cuando se trata de la puntualidad o de estar ahí para alguien en un momento preciso puedes no llegar, ya sabes, «tu mundo, tus reglas» y, de paso, manejas un tiempo único que no muchos pueden entender. No llegas tarde, ellos llegan temprano.

Eres muy competitivo, tanto que hasta conviertes el fin de la llamada telefónica en un juego para triunfar: «Cuelga tú». «No, mejor tú». No competirás si no estás seguro de que vas a salir victorioso, porque le tienes una profunda alergia a perder. el defecto de querer ganar siempre te hace temerario, arriesgado y de repente las cosas te salen porque además de todo te dotaron con suerte. ¡Déjanos algo, por favor!

LO QUE TE HACE SUPERIOR

Tú puedes pensar que la impulsividad es un pequeño defecto, pero en el fondo, Aries, sabes que el karma que conlleva la impulsividad no es un tema menor. Es la raíz de todas las metidas de pata y lo que te mantiene humilde a la hora de presumir tus logros. Por otro lado, es lo que te permite ser el líder eficiente hasta para solucionar dónde va a ser el *after* en cuanto cierren la discoteca, por ejemplo. Eres el ganador del juego «El suelo es lava» en situaciones límite y ningún signo te gana en velocidad para solucionar los problemas más estresantes, ni la rapidez con la que metes la pata... eres único.

SUGERENCIA (sí, así, con mayúsculas): respira antes de actuar. Mejor que te salga la impulsividad por la nariz que por la boca.

TU PEOR INSULTO

No hay nada que pueda ofenderte más que el hecho de no ser visto. Tu vida gira en torno a los reflectores y el impacto que generas en los otros. Es incluso peor que perder en público, pues al final puedes intentarlo otra vez y triunfar, y aunque pierdas lo harás de forma inolvidable. Pero ¿cómo te podrías recuperar de que te dejen en visto?, ¿cómo te sobrepones de una orden que diste y la ignoraron por completo? La cosa se vuelve imposible de vivir. Tranquilo, Aries, es solo un caso hipotético, no creo que puedas pasar desapercibido porque las luces te aman y el mundo no podría girar sin ti.

Te aconsejamos que no sobreactúes si eso pasa. No hagas un escándalo para que se den cuenta de tu presencia. Recuerda que en este caso menos es más.

«EL LÍMITE NO EXISTE»

En la vida todo está bien, eres fuerte, poderoso y nadie te engaña… hasta que te da por volverte blandito y querer a las personas. De ahí en adelante eres firme como un flan, incapaz de decirles «no» a los que quieres, te niegas a ver cuando te están mintiendo, lo justificas todo porque detrás de tu fuego ardiente y poderoso tienes un corazón bondadoso y crees que todas las personas que quieres son buenas. Entonces, si tus seres queridos te piden algo, aunque sea imposible, tú te amarras los pantalones y lo consigues.

Por otro lado, si te invitan a la fiesta después de la fiesta… aun teniendo una entrega final y las responsabilidades del presidente, eres incapaz de rechazar semejante oferta. Especialmente si has sido admirado y protagonista toda la noche.

TU LADO *DARK*

Odias cuando te llevan la contraria, esto ya lo sabemos. Pero el tamaño de tus enfados es el problema, Aries. Tu corazón se oscurece, aflora tu agresividad, egoísmo, te pones combativo, autoritario y te salen ofensas de todo tipo. No te contienes. ¿Has escuchado eso de «tus palabras matan»? Toma nota.

ASESINOS EN SERIE

¿Qué decirte, mi querido carnero? Ser un asesino en serie requiere ser frío y poco impulsivo, y eso es muy poco Aries. A todo eso súmale tu tendencia a ser un bocazas de manual y no saber guardar secretos. Aún con esta tendencia chapuza en lo que a matar a más de una persona se refiere, hay ciertos asesinos en serie con tu mismo signo.

Paul John Knowles: Un asesino Aries en toda regla. Le pillaron porque iba matando sin ningún tipo de cuidado a todo el que se le ponía por delante y, claro, como te dije —y quien avisa no es traidor—, eso acaba saliendo mal.

Alexander Pichushkin: Es uno de los asesinos en serie más sanguinarios de la historia. Si Aries se pone a matar peña será de una forma desproporcionada, nada de quedarse en un par de personas y darse a la fuga. Si empieza cualquier cosa se viene arriba y luego, por supuesto, ya le pillarán.

MODA

A la hora de vestir, su elección serán siempre los colores llamativos, sobre todo los rojos, amarillos y naranjas.

De todas formas, cabe destacar que les chifla ir con poca ropa y enseñando mucho: modo muy sexi, pero sin olvidarse de la comodidad. Digamos que el espectro de outfits de Aries es muy amplio, va desde el chándal más raída de su armario, lleno de agujeros, hasta un vestido de látex.

La timidez no va con ellos y por eso no hay que sorprenderse al ver a un Aries que no duda en experimentar con sus *looks* y que mezcla estilos y estampados de lo más variopintos. Unas veces puede ser un *trend setter* y otras simplemente parece que va disfrazado, lo importante es que se lo pasa muy bien.

PLAYLIST

Canciones Aries de artistas Aries:

- Blur — *Beetlebum*
- Fergie — *Big Girls Don't Cry*
- Elton John — *Goodbye Yellow Brick Road*
- Summer Walker — *Tonight*
- Mariah Carey — *Emotions*
- My Chemical Romance — *I'm Not Okay (I Promise)*
- Luis Miguel — *Suave*
- Bleachers — *Rollercoaster*
- Aly & AJ — *Potential Breakup Song*
- Lady Gaga — *Just Dance*

PERSONAJES FICTICIOS

Phil Dumphy, de *Modern Family*

Un personaje aniñado incluso a sus 40 años, espontáneo y con muchas ganas de encontrar su próxima aventura. Casarte con un Aries siempre te asegura que no te vas a aburrir, pero quizá un martes por la tarde te sorprende y trae una alpaca a casa o malgasta los ahorros familiares en una tontería. Tú verás si te vale la pena.

Mike Wazowski, de *Monstruos SA*

Todo energía y ganas de comenzar proyectos. Aunque cuando sale en la tele un logo le tape la cara, él sigue emocionado solo de pensar en la posibilidad de alcanzar sus sueños. Mike se ilusiona y se desilusiona con facilidad y es un gran amigo. Como cualquier Aries.

Sakura, cazadora de cartas

Tiene la tenacidad para ser la persona que caza las cartas, la persona de acción —mientras que siga teniendo un apoyo como Tomoyo, claro—. Adora dormir y comer, aunque también le encanta acabar metida en aventuras que pueden desembocar en situaciones bastante peligrosas...

PERSONAJES REALES

Mariah Carey

Una persona más que reconocida por su temperamento. En el caso de Mariah esto se traduce, por supuesto en dificultades en el trabajo, pero también en sus distintas y accidentadas relaciones con estrellas como Eminem o Luis Miguel, que han llenado las portadas de la prensa del corazón.

Quentin Tarantino

La violencia llevada al extremo —lo cual la convierte en casi cómica— es muy Aries. Quentin es todo energía y pasión por el cine, por eso no puede parar de introducir referencias de otras pelis en su filmografía. Otro apunte a destacar es que ya lleva restaurados y salvados dos cines de Los Ángeles (pronto tres), donde pone películas antiguas a precios baratos. Y, aunque lo más seguro es que den pérdidas, le da igual, porque su pasión va por delante. (Eso y porque es rico.)

Tennesse Williams

No sé si habréis leído o visto alguna obra de Williams, pero no es raro ver a personajes coléricos, con muchas ganas de libertad y frustraciones que explotan en la cara de los demás. Todos están al borde del colapso, con un montón de energía sexual y son guapísimos. No se puede ser más Aries.

Baudelaire

Aquí voy a citar un tema concreto del poeta francés, el poema *Embriagaos*, sobre cómo vivir la vida en un estado alterado para no caer en el tedio y el aburrimiento. ¡Es la cosa más Aries que se me puede ocurrir! Baudelaire se pasaba el día buscando *ese algo* más para poder sobrellevar toda la pena y la injusticia del mundo.

TUS MOMENTOS MÁS ODIOSOS

ADVERTENCIA: A cualquier lector que no sea Aries le pedimos la mayor discreción y comprensión. Ustedes también tienen lo suyo.

Eres el genio de las buenas ideas, las mejores del «mundo mundial», brillantes, nunca se le había ocurrido algo tan maravilloso a otro ser humano; pero a la hora de ejecutarlas se te mete otra idea genial, brillante e implacable, que hace que se te olvide la anterior.

Tu lugar está en la cabeza, en la dirección y creación de proyectos; tú mandas y que otros ejecuten. No te arriesgas a quedar mal. La forma más frecuente de meter la pata es cuando tu ser creador —único y especial— te aparta de los humanos y te conviertes en el centro de ti mismo. Es como si te enamoraras de tus propias ideas y te cuesta volver a pensar que en este planeta hay más habitantes que posiblemente necesiten lo mismo que tú, y es poco probable, pero también pueden tener ideas.

EL REGALO MENOS DESEADO

Un curso de tejido en punto de cruz puede estar en el top 5 de los peores regalos que te pueden dar. Pero más allá de un regalo específico que odies, lo más frustrante para ti es que no le presten atención a lo que dices, porque ahí están todas las pistas para que puedan darte un buen regalo.

Si ya es difícil mostrar emotividad con los regalos que te gustan, no queremos imaginarnos la cara que harás cuando te den un regalo que has dicho que odias. ¡¿Quiénes creen que son para no prestarte atención?!

EL COLMO DE LOS COLMOS

Como eres tan enérgico, y necesitas estar estimulado en la vida, lo peor que te puede pasar es aburrirte. Es una fobia de dimensiones magnánimas. No tienes defensa contra ello. Una persona aburrida es la peor tortura para ti, y si tiene la combinación letal: «aburrida + lenta» no podrás soportarla por mucho tiempo.

En segundo lugar podría estar el no ser reconocido. Si haces el esfuerzo de saludar a alguien que no se acordó de ti, no lo tomas nada bien. Odias saludar a alguien que no se acuerda de ti, ya lo habíamos dicho, no te sienta muy bien que no se acuerden de ti.

HOBBIES QUE ABORRECES

- Coleccionar estampitas.
- Tejer, en cualquier versión.
- Hacer Yin Yoga.
- Perder el tiempo haciendo *zapping*.
- Cualquier deporte en el que tú seas tu propia competencia.

JAMÁS TE DISCULPARÁS POR...

- Ser el primero en llegar a la meta de un triatlón.
- Gritarle: «¡Deja de estorbar!» a alguien que va caminando muy lento frente a ti.
- Decirle a alguien que tiene que ir urgentemente al dentista porque todos sus amigos no hablan más que de su mal aliento.
- Tener ganas de sexo 24/7 en cualquier lado menos en su cama.

ANTIMATCH

Estos signos tienen todo aquello que no puedes controlar. Pero como eres muy terco sabemos que no nos vas a hacer caso. Allá tú y tu corazón roto... después no digas que no te lo advertimos.

Tauro

Analicemos nuestro primer candidato del elemento tierra: a Tauro le gusta la calma, la comodidad, y ni borracho escogería incomodarse. Él quiere sentarse a ver crecer sus plantas. Tú, Aries, por otro lado, te quieres comer el mundo sabiendo incluso lo indigesto que es. Así que, juntos, uno se va a desesperar y otro se va a sentir presionado. Es como si vivieran en zonas horarias diferentes.

Cáncer

Nuestro siguiente candidato tiene las características correctas en el lugar incorrecto. Por ejemplo, tiene el elemento agua que apaga el fuego. Si hay alguna queja dirígete al creador del universo, porque hasta allí no podemos ir. Cáncer tiene la sensibilidad a flor de piel, todo lo que le dicen lo guarda en el disco duro y los resentimientos le duran diez mil años. Ya sabemos que tú, Aries, no tienes filtro para decir las cosas, lo que convierte a esta combinación en una eterna pelea llena de malos entendidos sensibleros.

Capricornio

Este participante, representante del elemento tierra, tiene los pies amarrados a la realidad, la cuadrícula trazada, y sabe qué hacer y a qué hora por los siglos de los siglos. En el lado opuesto, tú eres un huracán rugiente que, por donde pasas, vas haciendo desastres y revolcando la vida de los que te rodean. La cabra no está lista para la vida animada y desbordada que le puedes ofrecer, Aries.

AMOR

¿CÓMO ERES EN EL AMOR, ARIES?

Cuando sientes la llama del amor dentro de ti no eres de esos que esperan a que la otra persona dé el primer paso, ¡tú apuestas todas tus canicas! Lo malo es que a veces, por la emoción del enamoramiento, se te olvida preguntarle a la otra persona si quiere lo mismo que tú. Cuidado con eso, Aries.

Todo estaría muy bien si no te importara o si no quisieras una relación estable. El verdadero lío es que a veces te metes en una relación sin el otro. Tu velocidad hace que te estrelles porque solo ves un pedacito y lo llenas con tu optimismo casi inocente que a veces no funciona.

¿El que la sigue la consigue?

Eres necio, carnero, no te rindes nunca y usas todas tus buenas ideas y tu pasión para conquistar. Por eso se te da: te pasan milagros amorosos pues nada te queda grande, y es que en el fondo sabes lo que quieres y cómo lo quieres. Eso sí, que no te vengan con historias de confusiones o de vasos medio vacíos, si no te lo dan todo te sientes estafado y eso no. Ni hablemos de descubrir una infidelidad, porque como dicen: «Cara de tonto, sí, pero no te confundas».

Aries enamorado, «todo o nada»

No vamos a mentirte, porque sabemos que lo odias: cuando te enamoras eres un tonto. En tu defensa, todos los humanos somos así, sin importar nuestro signo zodiacal. La diferencia con el resto es que por más enamorado que estés, si el otro está indeciso hay dos opciones: o te vuelves dramático o se te apaga el fuego, no soportas el aburrimiento, ni las relaciones l-e-n-t-a-s.

Te sueles lanzar a la piscina sin ver si hay agua, y encima lo haces de cabeza. El problema es que pides demasiado: que sean tranquilos, pero no lentos; fieles, pero no dependientes; intensos, pero libres. Todos queremos unicornios, Aries, pero lo que tú pides es algo más complicado. Baja tus revoluciones y déjate llevar.

LO QUE NO HARÍAS NI POR AMOR

La capacidad de renacer de las cenizas la tienen los fénix y tú, Aries. Cuando terminas una relación, normalmente eres brusco en tus formas y lo haces de golpe, sin pena. Nunca das una segunda oportunidad o retrasas tu decisión, aunque sí podrías coquetear con tu ex cuando se te pasa el enfado.

Para nadie es fácil que lo dejen, pero tú eres de extremos.

- Puedes gritar hasta quedarte sin voz, salir corriendo y esconderte hasta que se te pase.
- Decides que no se ha acabado porque solo tú puedes terminar primero y te haces el «amigo Sprite» (si no sabes qué es, busca en el ciberespacio).

Eres irascible, pero no rencoroso. Tu fuego felizmente se apaga rápido cuando quieres. Con el tiempo querrás ser amigo de tu ex, pues te divierte bordear la amistad con la coquetería. Además, disfrutas la intimidad ganada y querrás hablar con ellos (y de ellos) cuando se te antoje.

AHÓRRATE LA TERAPIA

No está de más decirte que la terapia debería ser parte de tu canasta familiar por el bien de tu salud mental (y la nuestra). Pero creemos que en el amor, cuando ya estás en una relación, hay algunos trucos que pueden minimizar los daños de tu corazón blandito y entregado.

- No confundas tener la razón con ser tozudo. Entendemos que pienses que esto está en chino para ti, pero eres inteligente y puedes contemplar una pequeña posibilidad de admitir que estás equivocado. Solo un poquito, algo breve, y no confundir tu perseverancia con ser obstinado. Esto en una relación te ahorrará tiempo (que odias perder).
- Tampoco hay que ir por el mundo siendo un fosforito al que nada lo puede rozar porque lo incendia todo. Recuerda que aceptar que el otro no piense como tú (que de seguro será un error de su parte) es parte de compartir la vida con otro.

¿CÓMO APLICAS EL *GHOSTING*?

Contigo no hay grandes misterios, tus razones para no seguir contestándole a esa persona con la que empezaste a coquetear son bastante simples: o te aburriste o sientes que no eres su centro y que puede respirar descaradamente sin ti.

No te gusta perder el tiempo, menos con excusas, tan solo desapareces y ni te das cuenta de que esa persona sigue existiendo, respirando y caminando cerca de ti. Tú la borras y la olvidas.

«No hagas al otro lo que no quieres que te hagan a ti», dice una vieja enseñanza. Te invitamos a que reflexiones y la próxima vez por lo menos digas adiós.

TU MEJOR LIGUE PARA UNA SOLA NOCHE

En el zodiaco no hay mejor amante que Escorpio, apasionado, con la mente muy sucia y abierto a todas las experiencias que tengan que ver con el placer, y a ti que no te gusta eso del aburrimiento te viene como anillo al dedo. Seguro que lo vais a pasar genial; sin embargo, trata de dejarle claro al otro humano que no habrá repeticiones y que gracias por todo, y hasta luego... o hasta nunca.

TU AMANTE IDEAL

Por ninguna razón debe ser alguien sedentario, que prefiera guardarse el fin de semana a ver películas. Odias que la vida y tu amante no tengan ni la más mínima chispa de emoción, pues el aburrimiento para ti es una de las cosas más nefastas del universo.

Tú necesitas a alguien que mantenga tu llama prendida con más fuego o con aire. Te explicamos: cuando el «combustible» se quema reacciona con el «oxígeno del aire», liberando calor y generando «productos de combustión». Esto se conoce como oxidación o una noche de pasión que no has tenido todavía si no has estado con un aire.

O tal vez otro Aries que tenga el mismo voltaje sería lo más recomendable. Alguien que no se conforme y que quiera más, como tú... Ya sabes lo que te gusta y cómo eres, sabes que el sexo es importantísimo, que te da flojera hablar de nada, ¡has vivido contigo toda la vida!

¿QUIÉN ES TU PEOR AMANTE?

No es coincidencia que para ti, amante de las polémicas disputas, haya un debate en cuanto a cuál es tu peor pareja en la cama. Veamos los argumentos en contra de cada uno para que puedas guiarte con un panorama completo:

Capricornio, «si te vi, no me acuerdo»

Si te has acostado con una cabra, Aries, probablemente no lo recuerdas. Tú eres ardiente y audaz en el sexo, mientras que la cabra es sobria, seria y muy racional. Lo más probable es que hayas terminado la experiencia con tal insatisfacción que simplemente la borraste. Algo que sí olvida un Aries fácilmente son las experiencias poco emocionantes.

Cáncer, «bonito un ratito»

Aries, tú eres impulsivo y fogoso en la cama, algo que no compatibiliza con el tradicional y extremadamente sensible cangrejo. Es cierto que sentirás paz en los brazos de Cáncer, y puede que hasta surja un cariño muy especial, pero sus necesidades emocionales son tan distintas que sus ritmos chocarán sin remedio.

CÓMO NO ABURRIRTE, ARIES

- Hazte el difícil, aunque sea una vez.
- Alarga el coqueteo, de vez en cuando no está mal esperar un par de días antes de declarar tu amor eterno.
- Dale espacio a tu cita, recuerda que ellos tienen una vida propia lejos de ti.
- Propón ir a una *sexshop*, y cuéntales que para ti es como ir a un parque de atracciones.
- Destierra el «misionero» de tu repertorio, solito te estás poniendo la soga al cuello.

COMO EX ERES...

Aries es el ex perfecto porque después de patalear, gritar y hacer un berrinche de rutina deja de sentir amor —o lo que sea que haya sentido— y se le borran las personas. El punto es que esa pérdida de memoria puede llegar a herir al otro. Aries, no es *cool* no ser recordado (a ti te volvería loco), y menos si ha sido un romance intenso o de mucho tiempo.

Sabemos que no tienes tiempo para sensiblerías, que eres fuego y no agua, pero recuerda que la gente tiene sentimientos y puedes herirla con tu intensidad.

PARA QUE TE SOPORTES

- No todos los humanos saben lo que quieres, es más, a veces ni siquiera ellos mismos saben lo que quieren. Dales espacio, Aries, no les respires en la nuca. No todos tienen tu velocidad ni tu impulsividad.

- Aprende a aburrirte, no puedes pretender que todo sea un parque de atracciones todo el tiempo. Recuerda que los otros mortales pueden tener vida aparte de ti (es ridículo, pero podría pasar).

- Espera que te respondan lo que preguntas y escucha la respuesta, es un misterio, pero la gente le llama el principio de la comunicación y vas a alucinar con el resultado.

- Apaga los radares cuando estés en una relación, deja de buscar lo que esa persona no tiene y disfruta, que fuiste tú el que la escogió.

DINERO

ARIES Y EL DINERO

Supongamos que tú, el número uno del zodiaco, quieres atesorar riquezas y ser el más millonario de todo el círculo. Pero no, la verdad es que no te importa mucho ser rico, Aries. Tu ambición no está en el dinero, lo que a ti te gusta es ganar. Claro que esto no quiere decir que seas un *hippie* que vive de aire y malas decisiones. El dinero acompaña la buena fortuna, y el trabajo, como todo en la vida, lo haces con intensidad.

Cuando se trata de gastar no te importa lo que sumen tus gustos, no hay necesidad de ahorrar, para eso trabajas, ¡tan, tan! Y es que vivir el presente es lo tuyo o esa es la excusa que te das para no medir tus gastos. Después llegarás a casa y rezarás a tu dios —quien sea— para que te saque de los aprietos en los que te metes por no pensar, como siempre. Cuidado, estás avisado.

NI POR TODO EL DINERO DEL MUNDO

Y bueno, como no pasas el tiempo pensando en el dinero, no te encomiendas a cualquier empleo. Así que no te vemos en una fábrica haciendo trabajos repetitivos, en una oficina esperando cien mil aprobaciones antes de poder tomar una decisión, en un centro de atención telefónica recibiendo quejas todo el día y, ni mucho menos, en un archivo organizando y sellando papeles.

Un ser lleno de energía con la cabeza generando ideas por segundo solo debe estar mandando; así que, si andas torturándote a ti mismo haciendo trabajos repetitivos, sentado en un escritorio aburriéndote, tenemos un consejo para ti: ¡HUYE!

TALENTOS ESCONDIDOS
PARA TRABAJOS IDÍLICOS

¿A que no sabías que puedes ser el mejor jefe de alguna inteligencia artificial? Imagínate no tener que lidiar con la estupidez de algunos humanos y que todo lo que pidas salga exacta y precisamente como lo quieres, sin tener que cortar cabezas o amargarte porque no entienden tus maneras ni lo que dices. Además, es lo único que puede llegar a tu velocidad de procesamiento, Aries.

Ese es el trabajo que te mereces: creativo, rápido, adrenalínico. Siempre yendo a toda marcha a la par de las máquinas para ganarle a tu competencia.

Y, en caso de que las cosas no salgan bien, es solo culpa tuya. Tú serías el absoluto responsable, amo y señor, como te gusta. Lo mejor de todo es que el resto de la humanidad podrá descansar tranquila de regaños sin filtro como cuando trabajas en equipo. Solo tendrías que aguantarte a ti mismo. ¡Suerte!

¿EN QUÉ NO GASTAS TU DINERO?

Tú gastas en lo que te apetece, esto sí es fácil de responder. Deberías alejarte de las promociones y de las rebajas, tienes dentro a un comprador compulsivo y todo lo que te estimula te apaga el sentido común. Así que en los Black Friday sal a correr y gánales a los carros, porque si te sientas frente a la computadora, terminarás rodeado de cosas absolutamente increíbles e igual de inútiles... ya estás advertido.

En lo que no vas a ahorrar —ni advirtiéndotelo cien mil millones de veces— es en experiencias, viajes extremos, restaurantes moleculares que prometen llenarte con la espuma de una fruta y aire con olor a carne para salir de lo cotidiano o en tirarte de un avión con paracaídas. Gastarás hasta donde tu imaginación y tu bolsillo te lo permitan.

¿CÓMO INVIERTES, ARIES?

Con las tripas. Posees el don maravilloso, y al mismo tiempo peligrosísimo, de invertir en lo que te hace sentir vivo. Aunque tienes una intuición bien desarrollada, a la hora de hacer alguna inversión te enfocas en lo que te dice el instinto. En general te sale bien, pero cuando andas de mal humor por cualquier situación o te distraes con lo que pasa a tu alrededor, el instinto se mezcla con tus sentimientos y todo se va al traste.

Ser ecuánime es algo que, en definitiva, no eres. Eres arrebatado y tu vida gira en torno a los impulsos. Nuestra sugerencia es que cuando vayas a invertir y tomar decisiones arriesgadas, no tengas contacto con ninguna especie humana, solo así podemos disminuir el riesgo de tus metidas de pata con el dinero.

PARA QUE TE SOPORTES

Todo lo que digamos va a sonar a orden y detestas que te manden, lo sabemos. Además pensarás, Aries, «es mi dinero y lo puedo gastar como me dé la gana». Pero es como si te hubiéramos parido. Sin embargo, llegar a final de mes comiendo las sobras del mercado no es muy ariano de tu parte. Vamos a hacerlo lo menos mandón para que no te pongas inquieto.

Utiliza tu energía para arreglar tu casa o las cosas que se dañan y ahórrate pagarle a alguien para que lo haga.

NOTA: no respondemos por daños de infraestructura, de tuberías o apagones colosales.

- Intenta una vez al mes este deporte extremo: no gastes en nada, ni en un chicle, y usa tus ideas de jefe para aguantar creativamente.
- Revisa los descuentos de los supermercados y mira hacia abajo (lo que está más abajo suele ser más barato).

SALUD

MARTE, PLANETA ENERGÉTICO

Aries, tu planeta está asociado a los glóbulos rojos y a la glándula suprarrenal, la que produce adrenalina. «Ay, ya, ¡no inventes!», estarás pensando. Pero... ¿de dónde crees que viene tu gran impulso y fuerza para volver a empezar y lograr todo lo que te propones? Lo que para ti es normal, a otros signos se nos hace un mundo, no todos nacimos así, con alto voltaje.

Come tanto hierro como quieras, pero no te pongas a inventar dietas ligeras, tu cuerpo necesita toneladas de buena energía para soportar el estilo de vida que te traes. Ah, no recargues tu pila con los dulces, no te funciona, necesitas energía más potente y que dure más. Duerme para que no enloquezcas y, ojo, no te estamos mandando, es una amorosa sugerencia para que no te mueras.

DEPORTES

Sabemos que te gusta ganarle al mundo y dejarlo todo en la cancha, y está muy bien, ¡felicidades! Además de hacer lo que te gusta, revisa qué te hace bien, cómo hacer que todo ese movimiento te ayude a estar más tranquilo y que no seas un cargamento de dinamita esperando cualquier chispa para explotar. Así no creas en nada ni en nadie, la naturaleza tiene poderes que debes experimentar. Aunque sea por probar algo nuevo, clava tus pies en la tierra y siémbrate un ratito; quizá se te haga el milagro y aprendas a tener un poquito de paciencia.

Te aconsejamos que dejes el futbol y mejor practiques deportes individuales y de autosuperación, como senderismo, alpinismo y todos los ejercicios donde sientas que te superas. Estas actividades descargan la energía extra con la que andas siempre. Aléjate de los deportes de lento impacto, de los que no te hagan mover como a ti te gusta, como golf, yoga, pilates, hasta la natación.

CUENTA HASTA 10, ARIES

Aries, sabes bien que eres explosivo, y ese es tu talón de Aquiles. Más allá de llamarte a la calma (porque nadie en este mundo se ha calmado cuando le dices: ¡calma!), te hemos preparado estos pequeños tips para que no generes una combustión espontánea o incendies la pradera:

- Respira y cuenta hasta 50 (10 no son suficientes para ti).
- Mientras lo haces, piensa en gatitos bebé.
- Recuerda la sensación de la arena mojada por el mar.
- Transpórtate a la playa que más te gusta.
- Siente la brisa en tus mejillas.

NOTA: si sales vivo, por favor, escríbenos y cuéntanos si lo hiciste así o, en todo caso, exactamente cómo lo lograste.

TUS FRASES MÁS ARROGANTES

- Si me permiten dar mi «humilde» opinión...
- Esta relación va a funcionar. No importa saber su signo, su color favorito o, sobre todo, su nombre.
- Le hago ojitos y problema resuelto.
- No hay nada que mi *sex appeal* no solucione (aplíquese en bancos, paradas de camión, trámites judiciales o en cualquier situación que consideres).

LO QUE TE QUITA EL SUEÑO

La realidad es que cometer errores humanos no te deja dormir, Aries. Que alguien sea mejor en lo que tú crees que eres el mejor te da insomnio enfermizo.

Si la persona que te gusta no recuerda tu nombre, te mantendrá en vilo lo suficiente para casi volverte loco.

Hacer algo que va en contra de lo que crees no solo no te deja dormir, tampoco te deja respirar y es muy improbable que lo lleves a cabo.

Que venga un Leo y quiera llevarse los reflectores que te has ganado con tanto encanto te podría llevar a querer cortarle la melena.

PARA QUE TE SOPORTES

ADVERTENCIA: esto podría herir susceptibilidades arianas. Lee ateniéndote a las consecuencias.

- ¿Alguna vez te han dicho que no eres el ser más importante sobre la faz de la Tierra? Ojo, porque es posible que sea verdad. Respira, trata de asimilarlo... ¡vamos, tú puedes!
- No eres Dios, te hemos mentido en todo el libro, así que duerme bien, descansa y come, adáptate a la vida de nosotros los mortales para que no te mueras ni enfermes tanto.
- En tu caso, te pediremos que te quedes quieto, normalmente los consejos son tener una vida activa pero tu prescripción es: ¡quédate quieto! Medita, vive el presente, hazte el *hippie*.
- Es posible que no le gustes a la persona que te gusta. ¿Cómo? No lo sabemos, es muy complicado entender que alguien se resista a todo ese encanto arrasador y a esa velocidad con la que vives. Tal vez no te hayan visto bien por lo rápido que eres. Inténtalo otra vez y cuando preguntes algo, asegúrate de quedarte a escuchar la respuesta.

RITUALES EFECTIVOS

PARA MANTENERTE HUMILDE

Te estarás preguntando ¿por qué tanta perfección debe ser humilde? ¿Cuándo se ha visto que el #1 quiera ser cualquier otro número?

Fácil, porque siendo el número uno no dejas de meter la pata al hablar de más, dar consejos no pedidos, asumir que la forma correcta es la tuya. ¡Cabeza dura! De vez en cuando está bien confiar en que las personas a tu alrededor son inteligentes y también piensan, así como tú... o no como tú, pero también tienen ideas que funcionan igual o mejor. Asimismo, es importante saber que lo más rápido no es siempre la respuesta correcta y puede ser que esa rapidez te vuelva torpe y tengas que volver a empezar y con ayuda de otro, como no te gusta.

Tu ritual para mantenerte humilde es el siguiente:

- Ata una cuerda que vaya de la pata de la cama a la tuya.
- Intenta caminar.
- ¿Ves que con eso vas a caminar más lento? Bueno, la idea es que te percates de más cosas (justo porque vas más lento).

PARA QUE SE ENAMORE
PERDIDAMENTE DE TI

Supongamos que ya escogiste a esta persona y quieres algo más que un revolcón apasionado. Por favor, sigue las instrucciones sin saltarte ningún paso.

- Báñate muy bien y usa más jabón del que acostumbras.
- Ponte la ropa con la que te sientas más guapo —no cómodo, GUAPO—.
- Sal con la persona que es tu *crush*.
- Escúchala atentamente y por ningún motivo empieces a hablar de ti sin parar.
- Sin importar el impulso imperioso que sientas, ve despacio —sin anillo de compromiso ni vestido de novia—.
- Aunque a veces tomarás la iniciativa, también dale oportunidad a la otra persona de que demuestre su interés en ti. No sabemos si confundiste una sonrisa amable con unas ganas locas de conocerte.
- Repite este ejercicio hasta que sepas el nombre, el apellido, el color de los ojos, el signo, el ascendente y qué le gusta en la vida. El resultado será sorprendente.

PARA QUE NUNCA ENFERMES

Haz caso a las abuelas y ten siempre contigo una rebequita por si refresca.

- Aliméntate bien, ya eres lo bastante mayorcito como para que te digan qué es lo que debes comer.
- Encomiéndate a los fieles difuntos y toma agüita de jengibre.
- Si enfermas, ve al médico y tómate la medicina.

    Amén.

OBJETO DE PROTECCIÓN

Un casco para que cuides esa cabezota sería lo ideal, pero también podría ser un...

Chile rojo

Que te toquen con cuidado o se quemarán, Aries. El chile rojo es tu objeto indispensable para alejar los malos rollos. Poderoso escudo frente a las energías negativas, te alejará de la envidia y el mal de ojo. En la cama ya ardes y el chile no hará más que explotar toda tu sensualidad y sexualidad.

Llévalo como un amuleto, ya sea en una cadena, una pulsera o unos pendientes. También puedes tener una planta de chile en la entrada de tu casa para bloquear la envidia y atraer la abundancia. ¿Y si muere? Corre a buscar otra inmediatamente porque la que tenías ya absorbió todas las malas vibraciones que iban hacia ti.

TALISMÁN

Para llegar a tiempo a todas partes tu amuleto será tener las llaves en el mismo lugar, siempre. Ya sabemos que odias perder el tiempo y ese pequeño objeto se anda perdiendo cada que vez que llegas tarde. Además, la llave simboliza la apertura de puertas y nuevos caminos y tú, como el primer signo del zodiaco, eres el encargado de los inicios y el nacimiento de las cosas. No tienes por qué mentirte: conseguir tus metas te desvela y este objeto te ayudará a desbloquear las trabas y obstáculos que te están volviendo loco.

AMULETO

Busca una piedra roja porque te potencia la fuerza de Marte. Pero, ojo, los arianos ya van por la vida a 220 voltios, así que estas piedras pueden resultar muy estimulantes para ti.

Rubí

Refuerza tu valentía y confianza, además de estimular tu motivación.

Granate

Regenera la energía, te limpia de vibraciones negativas y dudas; fortalece tu instinto de resolución.

Jaspe rojo

Simboliza la fuerza, seguridad y estabilidad; te ayudará a razonar antes de actuar impulsivamente.

Cornalina

Estimula tu creatividad y te ayuda a canalizar tus excesos de energía de manera positiva.

PRUEBA

TU PRIMER ELEMENTO

A continuación, un test para saber si eres un Aries de tomo y lomo. Una forma infalible de descubrir si estás alineado con tu signo solar. Cinco preguntas sobre tu personalidad que revelarán el verdadero carnero que eres (o no):

1. Son las 7.30 de la mañana, hay un atasco y no llegas a tiempo a una reunión bastante importante. ¿Cómo lo solucionas?

A) Llamas a tu jefe enviando tu geolocalización y las noticias sobre un gran atasco en el tráfico.

B) Te pones a pitar y a insultar a todos los conductores que tienes delante a ver si así avanzas.

C) Aceptas la bronca que te viene y no te sientes mal, son cosas que pasan.

2. Vas de compras con tu mejor amiga y te pregunta si un vestido horrible que no le favorece en absoluto le queda bien.

A) Das las razones empíricas por las cuales debería probar mejor otra prenda. Tienes la paciencia y la sensatez como para no decir nada hiriente.

B) Le dices la verdad. Si no se lo dices tú, ya se lo diría otra persona.

C) Mientes sin pensarlo. No te mola el «sincericidio» y quieres ver a tus amigas felices.

3. Estás en un bar y tu amiga te dice que su *crush* ha entrado por la puerta, pero que no se atreve a hablar con esa persona. ¿Qué haces tú?

A) Le das una clase sobre cómo poner ojitos desde la otra punta de la barra.

B) Vas tú con la infalible frase «Le gustas a mi amiga».

C) Que se las apañe.

4. Te has comprado un juguete sexual, pero no estás segura de si le va a gustar a tu pareja... ¿Qué haces?

A) Le vas introduciendo el tema poco a poco y, si ves que no acaba de cuajar, no sigues.

B) Se lo dices en plena acción. No le tienes miedo a nada.

C) Mejor no le dices nada. Ya le darás uso cuando estés tú sola.

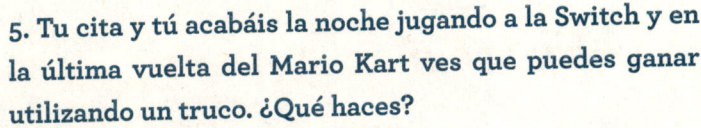

5. Tu cita y tú acabáis la noche jugando a la Switch y en la última vuelta del Mario Kart ves que puedes ganar utilizando un truco. ¿Qué haces?

A) Dejas que gane para que se alegre y quiera recompensarte. Es todo una estrategia...

B) Jamás te dejarás ganar. Que aprenda.

C) No utilizas el truco, que gane el mejor jugador.

RESULTADOS

A: Eres una persona planificadora y serena. Te gusta pensar en todas las posibilidades antes de actuar. No eres para nada impulsiva y sabes encajar bien la derrota. ¿No serás signo de tierra?

B: Eres tan Aries que me quemas. Impulsiva, valiente y competitiva. Una escala de 10/10 en el termómetro Aries.

C: Eres más bien pasiva, odias los conflictos y te gusta dejarte llevar. Básicamente eres lo opuesto a Aries. Tenemos que revisar el cumpleaños, nos da que te equivocaste de fecha.

TU SEGUNDO ELEMENTO

Es posible que hayas nacido Aries, pero todas las variables de tu carta astral te hacen tener matices que no te cuadran con algunas descripciones de tu signo. «Ya decía yo que todo esto no es cierto, me engañaron, esto se lo inventaron...». ¡PARA! Respira. Lo que queremos decir es que es posible que tu personalidad tenga influencias de otros elementos y eso significa que no todo es blanco o negro a la hora de ser humano y esta prueba te puede ayudar a conocerte mejor, saber cuáles son esas pizcas de los otros elementos que te hacen único y también te ayudan a entender de dónde salen esas actitudes poco fogosas pero que son tan naturales en ti. Aries, ya sabes que tienes el fuego dentro. Te lo dice tu elemento, pero ¿sabes cuál es el otro elemento que predomina en tu vida? ¿Sabes si tienes otro elemento o si eres fuego puro?

Esta prueba está diseñada para que evalúes la porción que tienes de cada elemento y puedas equilibrar lo que te gusta y lo que no te gusta; averiguar de dónde salen esas reacciones tan poco arianas o, por el contrario, confirmar que eres fuego hasta la médula. Asigna un punto por respuesta positiva. Y si no eres ni uno ni otro, pues asigna medio punto por respuesta.

	SÍ	NO	A VECES

FUEGO

	SÍ	NO	A VECES
¿Vives la vida a lo grande, sin reservas, sin importar lo que pase a tu alrededor?			
¿Eres auténtico, directo, dices lo que piensas y no dejas que nadie se imponga sobre ti?			
¿Eres el líder natural de todos tus círculos por ser el que planea, motiva y, a veces, manda hasta sin darse cuenta?			
Si alguien te cuestiona, ¿haces todo lo posible para demostrar quién es el que manda?			
¿Es inevitable para ti pensar que tu felicidad es lo más importante del «mundo mundial» y todo lo que se interponga entre tu felicidad y tú debe ser eliminado?			
Cuando hablas, ¿tienes un impulso descontrolado y dices todo lo que se te pasa por la cabeza sin pensar en las consecuencias?			

TIERRA

	SÍ	NO	A VECES
¿Tus acciones son gobernadas por la lógica y no permites que los sentimientos interfieran en tus decisiones?			
¿Tienes síndrome del árbol? (Quieres sentarte en la misma silla, ordenar las cosas de igual manera en todos tus asuntos, es difícil pensar en una mudanza o en cambios drásticos repentinos.)			

	SÍ	NO	A VECES
¿Te gusta más tener un recuerdo físico y palpable que una loca experiencia?			
¿Eres apegado a tus pertenencias y podrías dedicarte a ser un coleccionista profesional?			
¿La disciplina es una característica fundamental para tener éxito en cualquier aspecto de la vida? (Hasta para la diversión creas reglas.)			
¿Podrías anteponer tu bienestar laboral a tu vida personal o tus gustos?			
AGUA			
¿Tus sentimientos mandan en tu vida? (Mejor dicho, ¿eres *drama queen?*)			
¿Piensas que nadie puede entender lo profundo de tus sentimientos?, ¿que los demás no sienten igual?			
¿Te es más fácil llorar que anudarte los cordones?			
Y aun con lágrimas en los ojos, ¿sientes que puedes con todo y que nada puede destruirte?			
A la hora del amor, ¿eres un romántico empedernido y tu pareja se convierte en el centro de tu vida?			
¿La palabra *infidelidad* te suena rarísima y no sabes ni siquiera cómo alguien puede pensar en otra persona que no sea su pareja?			

	SÍ	NO	A VECES
AIRE			
¿Tu gran pasión está en cómo puedes decir o entender todo lo que pasa a tu alrededor?			
¿Eres el alma de la fiesta y respiras vida social?			
¿Calculas todo, piensas demasiado y, muchas veces, esos pensamientos no llegan a concretarse?			
¿Puedes sostener una conversación de lo que sea, con quien sea, sin ningún tipo de problema?			
¿Solamente pensar en que vas a estar en el mismo lugar durante mucho tiempo te pone la piel de gallina y sientes horror?			
Cuando hablas con personas, ¿a menudo te dicen que se sienten comprendidas?			

¿Cuál fue tu mayor puntuación? Suma los puntos y descubre tu resultado en las siguientes páginas.

RESULTADOS

Mayoría de fuego

Lo dicho, el fuego se te sale por los poros. Una cama no será jamás tu lugar ideal para una noche de revolcón; la lentitud es tu kriptonita, vives alimentado de pasión y energía. Tienes una personalidad fuerte que se compara con el Sol: a veces calientas y otras chamuscas. Te gusta vivir al límite, y te concentras con tanta intensidad que muchas veces no te das cuenta de qué pasa a tu alrededor o a quiénes pueden lastimar tus actos.

Los signos de fuego son: Aries, Leo y Sagitario.

Mayoría de tierra

Qué bien que tengas un poco de tierra, porque andar por la vida solo quemando al mundo puede ser sinónimo de andar pidiendo perdón y ya sabemos que esa palabra es como chino avanzado para ti.

Tu carácter es fuerte y sólido; a diferencia del fuego, a ti no se te pasan tan rápido los problemas, pero no haces un escándalo por eso. En la cama prefieres un toqueteo más largo y te tomas tu tiempo para calentar las cosas, no tienes prisa y lo disfrutas todo lentamente. Eres estable y disciplinado —al menos en tu forma de pensar—. Tu cabeza nunca visita las nubes, tienes los pies firmes en el suelo. El sentido de propiedad privada trasciende a las personas,

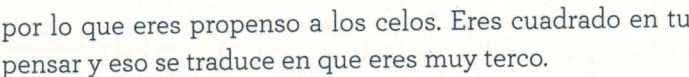

por lo que eres propenso a los celos. Eres cuadrado en tu pensar y eso se traduce en que eres muy terco.

Los signos de tierra son: Tauro, Virgo y Capricornio.

Mayoría de agua

Nos vas a perdonar, pero no sé cómo lo haces para estar vivo en medio de estos dos elementos. Por un lado, ruges y calientas todo y a todos, y un segundo más tarde estás sonándote los mocos por la belleza de las mariposas volando. Por una parte, tienes el instinto —fuego— arrebatado y luego, sin importar lo que pase, vuelves a tu esencia, a sentirlo todo con mucha intensidad: el amor, la alegría, el odio, la frustración. Tus reacciones pueden ser en extremo dramáticas cuando se trata de los sentimientos. En la cama tienes la lujuria potente de Escorpio, que de agua mansa pasa a ser ese huracán rugiente que deja sin aliento y liberado de energía.

Los signos de agua son: Cáncer, Escorpio y Piscis.

Mayoría de aire

Lo que hace que el fuego crezca es el aire. Esta combinación poderosa no tiene límites. Si se mezcla el aire con el fuego lo que obtendrás es una llama creciendo sin medida; las embestidas feroces y diferentes son lo que hace a esta pareja de elementos una combinación muy poderosa. Claro que si no está equilibrado, el aire te puede apagar la llama y convertir esa energía fuerte en un discurso pegado con saliva. El aire puede potenciar todas las características de tu fuego ariano o te apaga y te vuelve tierno.

No toleras el aburrimiento, la vida es una sola y no es para aburrirse por nada ni nadie. Eres el más rápido para pasar la página, los traumas duran lo que te acuerdes (más bien poco).

Los signos de aire son: Géminis, Libra y Acuario.

Querido Aries, después de todo lo que hemos dicho en este libro, de cómo hemos descrito y desvelado los más íntimos secretos de tu personalidad (eso que ni a ti te gusta admitir o que no habías notado de manera consciente), creemos que esta prueba te ha enseñado que no debes ser tan inflexible con los extremos, sino que hay una enorme escala de grises en medio.

Ya que has sobrevivido a esta cantidad desproporcionada de verdades sin adornos, como te gusta, piensa en este libro como un manual de consulta al que puedes volver cada vez que se te olvide lo sorprendente, polifacético, comprensivo, gracioso, creativo y libre que eres. Si te gustan los secretos del horóscopo, seguro que te gustará conocer más de tu ascendente, tu Luna, y cómo entender las piezas que no te encajan del todo. Si es así, no dudes en consultar los otros signos para acabar de soportarte a ti mismo.

GLOSARIO

Planeta regente, Mercurio retrógrado, signo ascendente...
Respira hondo y no te desesperes. Hemos preparado un
glosario para que entiendas mejor los términos.

Signo solar

El que le preguntas a tu *crush* y que siempre consultas en
el horóscopo. Se define teniendo en cuenta en qué constelación se encontraba el Sol, el día y mes en que naciste.

Carta astral

Es la «foto» de cómo estaba el cielo aquel preciso instante
en el que naciste. Con ella conocerás la posición exacta de
los planetas: tu signo solar, tu ascendente y descendente,
así como características únicas.

Signo ascendente

Representa la forma en la que te acercas a la vida y cómo
te perciben los demás. Se define teniendo en cuenta qué
signo asomaba por el horizonte al momento de nacer. Para
saber cuál es el tuyo necesitas tu carta astral.

Signo descendente

Tu signo descendente —al ser el opuesto a tu ascendente— representa a tu posible compañero de vida. Calcúlalo de forma fácil: están a seis signos de distancia uno del otro. Conocerlo te ayudará a entender mejor a tu pareja y lo que buscas o encontrarás en ella.

Mercurio retrógrado

Este fenómeno se da cuando este planeta pareciera quedarse quieto e ir en retroceso, en «retrogradación». Y como Mercurio es el responsable de la comunicación, los malentendidos y desacuerdos están a la orden.

Planeta regente

Cada signo del zodiaco vibra de forma particular con un planeta del sistema solar o sus astros, y esa afinidad energética es la que define el planeta correspondiente a tu signo.

Elementos

La tierra, el fuego, el aire y el agua son los cuatro elementos de la astrología y cada signo del zodiaco está relacionado con uno de ellos. Los signos de tierra son cuadrados y confiables. Los de fuego son pura chispa, y con energía. Los signos de aire son visionarios y rápidos de pensamiento; y los de agua destacan por su intuición y sensibilidad.